Secretos d
Cómo Analizar a las Personas

¡La Guía Definitiva para Analizar el Lenguaje Corporal, las Emociones y la Manipulación de la Vista con Psicología Oscura, Inteligencia Emocional, Control Mental y Lectura Rápida!

Terry Lindberg

Índice

Introducción 5
Capítulo 1: ¿Por Qué Analizar a las Personas? 8
    Diferentes Formas de Analizar 9
    Dominar el Arte de Analizar a las Personas 11
    Capítulo 1 Conclusión 12
Capítulo 2: El Cuerpo Puede Hablar Más Alto que 1.000 Palabras 13
    Capítulo 2 Conclusión 18
Capítulo 3: Descifrando las Emociones 19
    Capítulo 3 Conclusión 22
Capítulo 4: Superar a un Manipulador Maestro 23
    Características de un Manipulador Maestro 23
    Luz Brillante Sobre un Manipulador 25
    Capítulo 4 Conclusión 26
Capítulo 5: Herramientas Esenciales que le Darán Una Ventaja al Momento de Analizar a las Personas 27
Capítulo 6: Análisis de Citas y Relaciones 30
    Analice a las Personas Cuando Salga con Ellas 30
    Capítulo 6 Conclusión 32
Capítulo 7: Cómo Analizar la Confianza y Aumentar la Suya ... 34
    Capítulo 7 Conclusión 36
Capítulo 8: Cómo Analizar la Inteligencia 37
    Capítulo 8 Conclusión 38
Conclusión 39

¿Quién es Terry Lindberg?

Hola, y gracias por comprar una copia de "*Secretos de Expertos - Serie de Autoayuda*".

Para todos los que no saben quién soy, mi nombre es Terry Lindberg, un galardonado psicólogo y autor de la serie Secretos Expertos: Autoayuda. He dedicado más de 30 años de toda mi vida a innovar en el campo de la psicología y la autoayuda para mejorar mi vida y de otras miles de personas en todo el mundo, desde los mejores CEO en su área hasta los mejores atletas, e incluso solo personas normales.

Lo único que puedo decir sobre todas las personas con las que he trabajado es que ven cambios dramáticos en sus vidas siguiendo mis enseñanzas. Mis enseñanzas les ayudan a superar las barreras que nunca pensaron que podrían superar. En la mayoría de los casos, ocurre el mismo resultado; son testigos de un interruptor que se dispara en su mente, mostrándoles que el cerebro humano es mucho más poderoso de lo que podrían pensar que fuera imaginable.

A lo largo de los más de 30 años de mi vida estudiando en el campo de la psicología y la autoayuda, he adquirido sabiduría y experiencias únicas de las personas con las que he trabajado y entrevistado. La gran cantidad de conocimiento que he adquirido es todo lo que les voy a transmitir en este libro.

Esta guía no es como cualquier otro libro de autoayuda, ya que para ser honesto, el 99% de los libros de autoayuda en el mercado ni siquiera están hechos por alguien dentro del campo. Se asociaron con un escritor fantasma para producir el contenido del libro, luego lo empaquetaron y comercializaron como si hubiera sido creado por alguien que tenga experiencia en ese tema.

La información que compartiré con usted tiene una prueba de concepto y le ayudará en cualquier punto de su viaje.

¿Ha oído hablar de la teoría "La pepita de oro" al leer un libro? Esta teoría significa que un libro entero podría ser irrelevante para el tema, pero aún así podría haber una "Pepita de Oro" de información que podría cambiar su vida.

Debido a esta teoría, quiero que esté preparado y se asegure de de que a lo largo de todo el libro tenga toda su atención. Por cierto, si no notaron que la frase anterior decía "de" espalda con espalda, no están prestando suficiente atención.

Dejen todo lo que están haciendo, concéntrense y prepárense para tomar notas. Puede que esté a una sola frase de cambiar su vida para siempre.

Si aprende o le gusta algo del contenido, lo habrá consumido cuando haya terminado. Una revisión honesta siempre es apreciada para ayudarme a hacer un mejor contenido en el futuro.

Ahora empecemos...

Introducción

El dicho es cierto— uno aprende algo nuevo todos los días. Hoy aprendió que puede analizar a las personas con psicología oscura, inteligencia emocional, control mental y lectura rápida. También ha aprendido que este libro le enseñará todas las estrategias que necesita saber para que pueda analizar a las personas sin importar dónde se encuentre o en qué nivel se encuentre.

Mi libro lo capacitará con las herramientas que necesita para analizar a las personas. Cuando utilice mi libro para analizar a alguien, irá más allá de las expresiones que le den o de lo que escucha decir. En cierto modo, aprenderá a leer detrás del análisis obvio y se centrará más en sus gestos, la forma en que se paran, caminan y mucho más. Comenzaré mostrándole técnicas para principiantes y luego lo ayudaré a aprender estrategias de alto nivel. Después de leer este libro, se alejará positivamente sabiendo cómo analizar a las personas. De hecho, ya estará poniendo en práctica sus nuevas estrategias. La confianza y las técnicas que aprenderá a través de mi libro le enseñarán cómo analizar a las personas en gran medida.

Me llamo Terry Lindberg. Soy un galardonado autor de autoayuda y psicólogo. He dedicado más de 30 años de mi vida a innovar en el campo de la psicología y la autoayuda, a mejorar mi vida y la de miles de personas en todo el mundo, desde los mejores CEO en su campo hasta los mejores atletas, e incluso solo personas normales. . Ahora quiero ayudarle. Ya sea que no tenga experiencia o muy poca en el análisis de personas, quiero enseñarle.

Sé que al aprender de mí, podrá desarrollar las habilidades que necesita para analizar a las personas en gran medida. Puede aprender cómo protegerse de las personas o utilizar estas estrategias para obtener más éxito en el campo que elija. Por ejemplo, si es un empático que lucha constantemente con el comportamiento narcisista, este libro es para usted. Si es alguien que quiere aprender lo que quiere su supervisor para que pueda avanzar en su campo, este libro es para usted. Si desea obtener más información sobre el análisis de personas porque le interesa el tema, este libro también es para usted.

Una vez que entienda cómo analizar a las personas, sabrá quiénes son sus amigos y de quién necesita mantenerse alejado. Sabrá cuándo alguien está tratando de ayudarlo con buenas intenciones y cuándo tiene las intenciones equivocadas. Aprenderá en quién puede confiar y de quién debe ser más consciente. Se encontrará sobresaliendo en su trabajo y otras áreas de su vida en formas que nunca habría imaginado. Tendrá una mejor comprensión de lo que tiene que decir, y a su vez establecera una conexión más fuerte con su audiencia.. Tendrá conexiones más fuertes con las personas, ya sean sus amigos, familiares o compañeros de trabajo. Se sentirá más seguro de su trabajo y de ayudar a otras personas porque sabrá lo que quieren, incluso cuando no se lo estén diciendo directamente. Los beneficios que recibirá una vez que sepa cómo analizar a las personas mejorarán su vida en todos los aspectos.

La gente me agradece todos los días por enseñarles cómo analizar a las personas. Pagan cientos de veces el precio de este libro para aprender exactamente las mismas estrategias que comparto con ustedes a lo largo de esta guía. No importa quién entre en su vida, se encontrará analizándolos y aprendiendo más sobre ellos con facilidad. Estas estrategias no solo son efectivas, sino que son fáciles de implementar. La gente ni siquiera se dará cuenta de que los estás analizando.

Con mi experiencia, estará completamente equipado con las habilidades y el conocimiento que necesita para poder analizar a cualquier persona que se presente en su vida, incluso si tiene una fuerte cara de póker.

¿Alguna vez escuchó el dicho "No temas al enemigo que te ataca, sino al amigo falso que te abraza?" Bueno, es verdad. No saber quién está allí para ti y quién no puede hacer que las amistades, los negocios y tu vida amorosa estén fuera de control. Puede verse atrapado en una relación o trato comercial que no le sea útil porque no analizó a la persona y no entendió su verdadera naturaleza. Por lo tanto, es muy importante que comprenda los conceptos y las formas de analizar a las personas a lo largo de su vida. Es hora de tomar el control total de su vida ahora. Es hora de saber quiénes son sus verdaderos amigos, avanzar más en su carrera y protegerse de las personas que no tienen sus mejores intereses en mente.

Se ha comprobado que las estrategias y las enseñanzas que está a punto de aprender producen resultados a un alto nivel de manera fácil y efectiva. Cada capítulo de este libro le proporcionará pasos procesables que lo ayudarán a analizar a las personas que van y vienen a lo largo de su vida. Al seguir la capacitación en este libro, sabrá que las personas están allí por las razones correctas. No tendrá que preocuparse de que alguien lo use, porque lo detendrá en seco antes de que pueda intentarlo. ¡No espere otro día! ¡Continúe leyendo este libro para comenzar hoy!

Capítulo 1: ¿Por Qué Analizar a las Personas?

La psicología es el estudio del comportamiento humano y la mente. Es una ciencia joven con raíces que datan del siglo XIX, cuando fue fundada por Wilhelm Wundt y William James. Sin embargo, algunas personas creen que las primeras huellas de la psicología ocurrieron durante el siglo XVII, cuando el filósofo francés René Descartes habló sobre el dualismo y cómo se relaciona con el cuerpo y la mente. Fue en este punto cuando los filósofos comenzaron a ver cómo los comportamientos de alguien pueden darles una visión de la vida y la sociedad.

Desde mediados del siglo XIX, las personas han promovido el estudio de la psicología para centrarse en comprender la forma en que las personas actúan, piensan y sienten. Hoy en día, la psicología está llena de varias terapias, análisis y otras características. Cuantos más estudios realicen los psicólogos sobre el comportamiento humano y la mente, más personas se entenderán entre sí y con la sociedad. La psicología ayuda a los terapeutas a entender por qué las personas actúan de cierta manera. Al hablar con usted, observar su lenguaje corporal, escuchar su tono de voz y hacer preguntas específicas, los psicólogos pueden determinar su estado mental.

Probablemente entienda a un psicólogo como alguien que habla con las personas para que puedan ayudarles a entender por qué dicen ciertas cosas o piensan de cierta manera. Por ejemplo, un psicólogo puede ayudar a alguien a superar un episodio de depresión, ansiedad u otras enfermedades mentales. Sin embargo, la psicología va más allá de las sesiones de terapia. Los psicólogos necesitan aprender a analizar a las personas para que puedan ayudarlas de la mejor manera posible. Aún así, no necesita estudiar psicología en una universidad para aprender a analizar a las personas. Puede aprenderlo entendiendo el lenguaje corporal, decodificando emociones y usando herramientas esenciales.

Los motivos para analizar a las personas han cambiado con los años. Puede analizar a alguien porque es psicólogo y es parte de su trabajo. En ese caso, desea ayudar a las personas a comprender por qué se comportan de cierta manera, para que pueda ayudarlas a mejorar su vida. También es posible que desee analizar a alguien porque siente la necesidad de protegerse de sus tácticas manipuladoras.

Otra razón para analizar a alguien es que ayuda a crear una línea de base. Puede obtener mucha información al notar cuando alguien se aclara la garganta, mueve los pies y se rasca la cabeza. También puede notar cómo mueven sus brazos, sus expresiones faciales y en qué dirección miran sus ojos cuando le hablan. Por ejemplo, alguien que arrastra los pies, mira hacia abajo y tiene las manos en los bolsillos mientras habla con usted, generalmente es tímido o ansioso. Cuando crea una línea de base, puede aprender un poco sobre la persona antes de tener una conversación directa con ella.

El análisis le permite comparar y contrastar el comportamiento de alguien con el tiempo. Por ejemplo, se da cuenta de que su amigo ha estado actuando diferente las últimas semanas. Ya sabe cómo actúa normalmente, así que comienza a analizar sus nuevos comportamientos. Se da cuenta de que no mueven sus manos tanto cuando habla, sus emociones son solemnes y no mueven tanto las manos. Todo su nuevo comportamiento le lleva a preguntarse si está triste o si está desarrollando depresión.

Finalmente, el análisis puede ayudarlo a saber si la persona con la que se encuentra es alguien que desea conocer mejor. Por ejemplo, nota que la persona con la que está hablando solo parece interesada en la conversación cuando puede relacionarla consigo misma. No les importa escuchar sus historias. También observa que tienden a imitar sus gestos, la forma en que se para, y de repente se interesan en tareas que le importan. Usted decide que, dado que estos son signos de un narcisista o de alguien que está tratando de manipularlo, es mejor mantener la distancia y no acercarse demasiado a ellos.

Diferentes Formas de Analizar

El lenguaje corporal se analiza leyendo los gestos con las manos, la mirada, la postura de los pies y cualquier otra cosa que una persona pueda decirle con su cuerpo. Es importante mirar más allá de las expresiones faciales, porque la mayoría de las personas conocen bien sus expresiones y hacen todo lo posible para ocultarlas. Por lo tanto, desea notar qué tan lejos está una persona de pie o sentada, si refleja sus movimientos, cómo se mueve su cabeza, la posición de sus brazos, si hacen contacto visual directo y si su boca se mueve. Por ejemplo, alguien que sonríe a menudo es más acogedor siempre que sea una sonrisa genuina, que atrae toda la cara. Cuando alguien te da una sonrisa falsa, la única parte de su rostro que se mueve es su boca.

Las emociones son algo que las personas pueden ocultar si son conscientes de sus pensamientos, acciones y sentimientos. Sin embargo, la mayoría de las personas permiten que sus emociones las controlen, lo que le da un paso adelante al analizarlas. Las emociones le dirán cómo se siente una persona acerca de una situación. Las emociones se pueden leer a través de las expresiones faciales, el tono de voz, la energía emocional y los gestos con las manos de una persona.

Las características y los tipos de personalidad significan los hábitos de una persona, la forma en que tratan a otros, la forma en que se tratan a sí mismos y cómo manejan las situaciones. Requieren un tipo de análisis más profundo que se centre en las expresiones faciales y el lenguaje corporal. Por ejemplo, observar que alguien va al gimnasio a una hora determinada todos los días significa que está organizado y motivado.

La manipulación es otra forma de analizar a alguien. Es una técnica que utilizan los psicólogos para que sepan qué preguntas hacer para ayudar a su cliente. Es importante darse cuenta de que hay formas buenas y malas de manipulación. Por ejemplo, los psicólogos usan la manipulación de manera positiva. También puede usarlo de manera positiva para ayudarlo a comprender a alguien, o para protegerse de una persona que está tratando de usar la manipulación de manera negativa. La manipulación se usa negativamente cuando alguien intenta engañarlo para su propio beneficio personal.

Dominar el Arte de Analizar a las Personas

Una de las mejores maneras de convertirse en un maestro del análisis de las personas es educarse sobre el análisis. Ya se está centrando en este paso leyendo este libro, pero debe ir un paso más allá y practicar con las personas que le rodean. Por ejemplo, observe el comportamiento de los miembros de su familia cuando comen juntos. Tómese el tiempo para observar a sus amigos mientras le hablan. También puede sentarse en el parque y observar a la gente. Si le cuesta recordar todo lo que está analizando, anote pistas sobre cómo mueven sus manos, cambian la postura de sus pies y cómo sonríen.

Otra forma es confiar en sus instintos, que es algo en lo que la mayoría de la gente no piensa. Tiene ese "presentimiento" que le dice si algo no parece correcto, o le da una idea sobre una situación. Por ejemplo, se encuentra con alguien en un bar y de repente siente un pinchazo en el estómago y piensa: "No es alguien con quien quiero asociarme". No sabe mucho sobre él, pero aún tiene ese sentimiento interno.

Hágase preguntas para ayudarle a mantenerse comprometido con la persona. Es fácil encontrar su mente a la deriva y perder la razón cuando habla con alguien. Es posible que no le interese el tema o que el entorno lo distraiga fácilmente. Debe estar atento cuando está analizando, por lo que desea mantenerse enfocado en la persona. Si se encuentra con que su mente se pregunta, hágase preguntas para ayudarse a concentrarse en los comportamientos de la persona. También puede tomar notas mentales mientras observa para recordar las partes principales de su análisis.

Capítulo 1 Conclusión

En este capítulo, usted aprendió sobre la historia del análisis en la psicología desde sus etapas iniciales como parte de la filosofía, hasta como los terapeutas utilizan el análisis hoy en día para aprender más sobre las personas. Leer sobre las razones útiles para analizar a las personas, desde ayudarlas hasta asegurar su protección contra los narcisistas y otras formas de manipulación negativa. A partir de ahí, descubrió cómo la gente analiza usando el lenguaje corporal, las características y los tipos de personalidad. Finalmente, se sumergió en cómo puede usar toda esta información para dominar el arte del análisis, como educándose, usando sus instintos y practicando la atención. Toda esta información es la base del análisis de las personas, a partir de la cual puede seguir desarrollando sus habilidades.

Capítulo 2: El Cuerpo Puede Hablar Más Alto que 1.000 Palabras

El lenguaje corporal nos ayuda a leer a otra persona de manera no verbal. Le da a alguien señales no verbales que le permiten obtener más información sobre lo que siente sobre una situación o sobre su comportamiento en general. Por ejemplo, le está contando una historia a su amigo y este se lleva las manos a la boca y sus ojos se agrandan. Sabe que estas son señales no verbales de su amigo que le dicen que está sorprendido por esa parte de su historia.

Hay dos tipos principales de lenguaje corporal. El primero es la codificación, que son las señales que envía a otra persona. La codificación es cómo haces sentir a la gente, y controla su primera impresión. La decodificación es cuando lees a otra persona. Es cómo interpretas la primera impresión de alguien sobre usted.

El lenguaje corporal es la señal más común utilizada en el análisis de personas. Es uno de los más obvios, porque todos conocen estas señales no verbales. El lenguaje corporal se utiliza para obtener una primera impresión, averiguar si alguien está diciendo la verdad, aprender sobre el comportamiento de una persona, ayudarlo a avanzar en su campo, desarrollar su confianza y ayudarlo a mejorar sus habilidades para hablar en público, habilidades para entrevistas de trabajo y otros.

Los gestos corporales positivos hacen que las personas se sientan bienvenidas, pueden darle confianza y agregar fuerza a sus mensajes verbales. Por ejemplo, un apretón de manos firme que no sea demasiado doloroso o incómodo muestra confianza y compromiso. A la gente le gusta cuando los miras directamente cuando te estás comunicando, por lo que otro gesto positivo es mantener el contacto visual. Tener una postura abierta cuando estás sentado o de pie a menudo significa que alguien es acogedor, relajado y confiado. Cuando ves que la cabeza de alguien está nivelada y erguida, muestra que tienen confianza y se ven a sí mismos como iguales a otras personas. Una sonrisa que muestra las patas de gallo o apretar los ojos significa que alguien está realmente feliz. Cuando alguien inclina su cabeza hacia un lado, significa que está escuchando atentamente o pensando en lo que acaba de decir. Sin embargo, también puede significar que están confundidos, lo que algunas personas perciben como negativo.

Los gestos corporales negativos dan la impresión de que alguien es agresivo o desinteresado. Por ejemplo, cruzar los brazos sobre el pecho se considera defensivo, desconectado, enojado o terco. Tocar con los dedos muestra que la persona está impaciente o nerviosa, y estar de pie con las manos detrás de la espalda significa que es agresiva o aprensiva. Otra pose que muestra enojo o dominio es pararse con las manos en las caderas.

Puede dividir los tipos de lenguaje corporal en dos categorías principales: facial y torso. El lenguaje corporal facial incluye el mentón, la boca, la nariz, las orejas, los ojos y la frente.

La barbilla puede mostrarse cuando una persona está pensando, juzgando o evaluando una situación, si la está acariciando o frotando. Cuando el mentón está nivelado, lo que significa que no está mirando hacia arriba o hacia abajo, la persona muestra signos de relajación o no le preocupa. Una barbilla que sobresale hacia ti significa que te están desafiando a hacer algo. Por ejemplo, una persona que desafía a alguien a golpearlos a menudo sobresaldrá de la barbilla. Por lo tanto, esto puede mostrar signos de defensa o agresión. Si ve a una persona sosteniendo la barbilla, generalmente la protege de algo, como un puñetazo o un objeto que se arroja en su dirección. Es común que las personas se protejan la garganta al sostener la barbilla.

Puede pensar que no hay mucho que pueda decir de la boca de una persona que no sea felicidad cuando está sonriendo, pero hay mucho más para analizar la boca. Cuando alguien frunce los labios, puede indicar frustración, enojo o desaprobación. Cuando alguien separa sus labios, puede significar que está coqueteando. Cuando los labios no se mueven, o están acostados en su posición normal, la persona está relajada. Cuando alguien se muerde los labios, significa que está ansioso, mientras que los labios sobresalientes significan que alguien se siente culpable. Si alguien mueve los labios pero no dice ninguna palabra, generalmente significa que está pensando.

Sabe que cuando alguien tiene las fosas nasales dilatadas significa que está enojado, pero la nariz también puede decirte mucho más que esto. Cuando ves a alguien arrugar la nariz, significa que está disgustado con una situación, idea u olor. Alguien también puede oler algo malo cuando se toca la nariz, pero este gesto también puede significar que está mintiendo.

Si ve a alguien frotándose la oreja, puede indicar que está tratando de separarse del estrés emocional o que está pensando. Alguien que se está tirando de la oreja podría estar tratando de ignorar lo que está escuchando porque piensa que es malo o que les duele de alguna manera.

Los ojos son una de las formas más comunes de analizar el lenguaje facial de alguien, porque son una de las primeras características que ve en unapersona. Cuando ve que alguien tiene los ojos muy abiertos, significa que tiene miedo o está sorprendido. Los ojos fijos que parecen estar mirando o "mirando al espacio" muestran signos de relajación, mientras que los ojos que se vuelven hacia abajo indican estrés, tristeza o vergüenza. Cuando los ojos miran hacia otro lado, significa que la persona está aburrida. Cuando los ojos de alguien parecen brillar, significa que están felices o emocionados.

La frente a menudo está conectada a las cejas, cuando seg lee su lenguaje. Cuando se levantan las cejas y se arruga la frente, significa que alguien está sorprendido o atraído por una situación. Cuando bajan las cejas, puede significar que están molestos o tratando de evitar una situación. Cuando sus cejas se acercan en el medio y hay un par de pliegues entre ellos en la frente, significa que alguien está confundido.

Por otro lado, el lenguaje corporal del torso incluye las piernas, caderas, manos, pecho, hombros y cuello.

Las piernas son una excelente manera de utilizar la comunicación no verbal, lo que significa que desea prestarles más atención. Cuando alguien está parado con las piernas separadas, significa que está relajado y estable. Sentarse con las piernas abiertas a menudo se ve como una exhibición sexual, pero más para las mujeres que para los hombres. Cuando los hombres están sentados con las piernas abiertas, significa que están mostrando poder. Las piernas cerradas al estar de pie significan que una persona está ansiosa, a la defensiva o protegiéndose. Cuando las piernas están cerradas mientras está sentado, significa que su nivel de ansiedad es más alto de lo normal. Cuando alguien mueve las piernas, significa que está impaciente.

Las caderas que apuntan hacia los lados tienen algunos significados. Por ejemplo, alguien puede apuntar hacia algo que quiere usando sus caderas. De lado también significa que el cuerpo está relajado, cansado o decepcionado. Cuando alguien balancea sus caderas, significa que quiere ir a algún lado o está emocionado.

Las manos pueden darte muchos significados, desde un gesto amistoso hasta un mensaje que dice que te vayas. Por ejemplo, las manos apretadas muestran enojo, mientras que las manos tapadas significan que alguien está tratando de ocultar algo. Cuando alguien levanta sus manos hacia arriba, puede indicar una pregunta, y frotarse las manos puede mostrar que tiene una idea.

Cuando se saca el pecho, puede significar una exhibición romántica o que alguien quiere atención. Cuando retira el pecho, es una señal de autoprotección o miedo. Inclinar el pecho y la parte superior del torso hacia adentro puede indicar que alguien está interesado en lo que tiene que decir o que lo está amenazando.

Cuando se levantan los hombros, puede significar que una persona está emocionada, tiene frío o se protege de un ataque. Los hombros que se empujan hacia atrás muestran que la persona está en el poder o que está tratando de obtener el poder. Cuando alguien rodea sus hombros como si estuviera haciendo ejercicio, puede significar que está tratando de liberar la tensión. Cuando los hombros están relajados, están en la posición normal y se mantienen hacia abajo.

Girar o rotar el cuello puede significar que alguien está tenso y que trata de relajar los músculos. Cuando alguien toca su cuello, puede significar que está preocupado por lo que se le dice o que está mintiendo. También puede significar que están ansiosos o tensos, especialmente si se están frotando los músculos del cuello.

Otro tipo de lenguaje corporal, conocido como poses de poder, es cuando las personas realizan su lenguaje corporal de cierta manera para verse y sentirse más seguros. Incluso si no cree que tiene una gran confianza, una vez que comience a usar ciertas posturas de poder, naturalmente comenzará a sentirse más seguro porque los químicos en su cerebro reaccionarán a la pose. Por ejemplo, la pose de la Mujer Maravilla es cuando te paras con la cabeza inclinada hacia arriba, los pies y las piernas separadas y las manos en la cadera. Otro es el loomer, que se inclina hacia adelante mientras está de pie para que parezca involucrado en el tema.

En este punto, es posible que se pregunte si es posible simular su lenguaje corporal para que las personas no puedan decir directamente lo que está pensando o sintiendo. Es posible, pero debe tener en cuenta su comportamiento y comprender su lenguaje corporal para hacerlo. Por ejemplo, puede verse en el espejo mientras actúa sorprendido, emocionado, triste o como si le estuviera mintiendo a alguien. Cuando está hablando directamente con alguien y no puede mirarse a ti mismo a través de un espejo, debe ser cauteloso con su cuerpo, desde los movimientos de sus manos hasta donde está mirando con sus ojos. Esto es difícil, porque nuestras mentes no están destinadas a estar en un estado constante de atención plena. Sin embargo, con la práctica es posible fingir su lenguaje corporal.

También puede usar el lenguaje corporal para la manipulación y la persuasión. Nuevamente, querrá ser consciente al hacer esto. Por ejemplo, necesitará saber cómo controlar sus cejas y no inquietarse. También deberá asegurarse de que su cara esté relajada a menos que necesite mostrar cierta emoción. Querrs hablar en un tono equilibrado y tratar de usar una sonrisa real, lo que significa que necesita que otras partes de su cara, como sus ojos, se involucren en la sonrisa. Para controlar más sus emociones, deberá desasociarse de ellas, pero tenga en cuenta cómo está actuando. Si bien respirar profundamente puede ayudarlo a relajarse para que pueda permanecer atento y controlar mejor sus emociones, también puede hacer que la gente se pregunte por qué a menudo respira profundamente.

Capítulo 2 Conclusión

En este capítulo, aprendió mucho sobre cómo su cuerpo puede hablar con otra persona sin comunicación verbal. A través de todo lo que aprendió en este capítulo, tiene una fuerte idea de cómo observar el lenguaje corporal de una persona, cómo protegerse de la manipulación y cómo usar su lenguaje corporal para ayudar a encender su carrera.

Capítulo 3: Descifrando las Emociones

Las emociones le dicen cómo se siente alguien sobre un evento, declaración o comportamiento. Por ejemplo, está sentado con un amigo y alguien entra tirando de su hijo con una correa de mochila. Este artículo es seguro para los niños, pero también es controvertido, y su amiga muestra inmediatamente disgusto al arrugar la nariz, sacudir la cabeza y poner los ojos en blanco.

Es fácil saber cuándo su amigo está enojado, aburrido, feliz o triste porque conoce bien sus expresiones faciales y sus gestos corporales. Pero, ¿cómo analiza la forma como se siente alguien que acaba de conocer? Sigue los signos faciales básicos y los gestos con las manos que se enumeran a continuación.

Algunas de las emociones más fáciles de leer son las más básicas. Por ejemplo, cuando alguien está sonriendo y su rostro muestra las patas de gallo o sus ojos están entrecerrando los ojos, es una sonrisa real y están felices. Esto también puede ser una señal de interés, pero las personas generalmente no sonríen tan fuerte ni entrecerran los ojos cuando están interesadas. En cambio, sus ojos estarán un poco abiertos, especialmente si la conversación les sorprende un poco. Otros signos de sorpresa son las cejas levantadas, los labios abriéndose un poco y la mandíbula inferior cayendo. El deseo generalmente se mezcla con la felicidad, pero la gente a veces mira hacia arriba mientras sonríe. Otras personas mostrarán deseo a través de una sonrisa, pero con los labios cerrados.

El asco es una emoción popular que a menudo se ve cuando la nariz de alguien está arrugada, el labio superior está levantado y las cejas hacia abajo. Algunas personas incluso pueden llegar a cerrar los ojos para protegerlas de daños, tal como lo hacen las personas cuando entran en contacto con luces brillantes.

Otra emoción común es el alivio. Esto se muestra cuando los ojos de una persona van hacia arriba y sus labios se separan. Otros signos de alivio incluyen inclinar la cabeza y asentir. Incluso podrían darle una leve señal verbal con una respiración profunda o un ligero gemido.

Cuando alguien le muestra las cejas arqueadas y los ojos muy abiertos, te está mostrando miedo. Otros signos son arrugas en la frente y labios que se abren ligeramente. Puede ver tristeza en la cara de alguien cuando frunce el labio inferior y las comisuras de los labios se dibujan hacia abajo.

Algunas emociones faciales son más difíciles de leer porque no son tan comunes. Por ejemplo, el amor también puede verse como felicidad, porque las personas tienden a sonreír cuando se sienten amadas. Otras personas muestran más amor al usar rasgos faciales relajados, lo que significa que son naturales y sutiles. Otros signos de amor incluyen labios ligeramente abiertos, una cabeza inclinada y una pequeña sonrisa.

Otra emoción facial difícil de leer es el estrés. Una razón por la que es difícil de leer es porque muchas personas se sienten estresadas durante todo el día, y esto puede afectar sus características faciales naturales. Los signos de estrés incluyen las esquinas de los labios hacia abajo, las cejas ligeramente más juntas y las líneas entre las cejas. Algunas personas cerrarán los ojos o mirarán hacia abajo.

Los signos corporales son otra forma popular de leer las emociones. Si bien no siempre son fáciles de atrapar porque es más probable que esté mirando la cara de una persona, hay algunas señales de casi todas las emociones que son notables. Por ejemplo, cuando alguien se siente aliviado, su cuerpo se desplomará como si hubiera estado tenso, por lo que probablemente esté sentado o de pie. También podrían recostarse en una silla, si están sentados, y colocar la palma de su mano sobre su pecho. Uno de los signos corporales más evidentes de estrés se centra en la ira, que incluye los brazos cruzados, las manos en las caderas, los dedos señaladores y los puños cerrados.

El aburrimiento es una emoción común que las personas no suelen ver a través del lenguaje corporal, pero los signos están ahí. Cuando alguien tiene la cabeza entre las manos, se recuesta en una silla, mira alrededor de la habitación o mira el reloj, generalmente se aburre.

Cuando una persona está tranquila y relajada, sus hombros están caídos y sueltos. No tienen un músculo tenso en su cuerpo, por lo que se sientan o se encorvan. Las extremidades del cuerpo están flojas y tienden a estar cerca del cuerpo. Sus manos pueden permanecer a su lado o colgarse de la silla. Las personas también tienden a levantar las piernas cuando están relajadas.

La confianza es una de las emociones más difíciles de detectar de otra persona. Los signos tienden a ser obvios, pero la mayoría de las personas no los asocian con la confianza. Cuando alguien dice que confía en ti, su lenguaje corporal es abierto. Su rostro muestra una expresión relajada, y las palmas de sus manos están abiertas. La gente inclinará todo su cuerpo hacia usted, ya sea que esté de pie o sentado.

Cuando se trata del lenguaje corporal, la vergüenza es similar a la tristeza. La cabeza tiende a mirar hacia abajo y los hombros también apuntan hacia abajo. La gente se inquieta con sus manos y pies.

Cuando una persona muestra que está sorprendida, notará que sus hombros suben o que levantará los brazos. Incluso podrían saltar o dar un paso atrás, y muchas personas darán una señal verbal, como un jadeo o incluso un grito de emoción.

Una de las barreras más difíciles que encontrará cuando lea las emociones de alguien es si son reales o no. Recuerde siempre que no necesita ser actor para fingir emociones. Sin embargo, las personas que fingen sus emociones no son tan convincentes como las personas que realmente se sienten de cierta manera. Por ejemplo, notará que alguien le da una sonrisa falsa en lugar de una verdadera porque sus ojos no entrecerrarán los ojos o sonreirán rápidamente.

La clave para comprender lo que es real y falso es darse cuenta de que su mente subconsciente le hace mostrar ciertos signos cuando siente una emoción. Por ejemplo, puede actuar sorprendido después de entrar a su fiesta sorpresa que ya descubrió al abrir la boca, exclamar, sonreír y levantar las manos. Sin embargo, es posible que no se dé cuenta de que, cuando está realmente sorprendido, coloca la mano sobre el pecho después de levantar las manos y pronuncia palabras en lugar de jadear.

Otra clave para darse cuenta de que una emoción es falsa es mirar el lado derecho e izquierdo de la cara. Cuando las emociones son falsas, los dos lados de la cara no serán simétricos, pero sí cuando las emociones son reales. También se nota porque las personas tienden a adivinar la forma en que actúan. Por ejemplo, puede notar que sus reacciones no son fluidas o que no suceden naturalmente, y parecen estar pensando o notando la forma en que están actuando. Pueden mantener su emoción por mucho tiempo, o parecerá exagerado. Finalmente, puede verlo a través de los movimientos oculares. Las personas que no son sinceras mirarán hacia otro lado o hacia abajo, porque están un poco avergonzadas de su comportamiento.

A estas alturas, debería verse como un ninja emocional. No solo está aprendiendo sobre cómo las personas muestran emociones, sino que también está aprendiendo sobre cómo mostrar emociones. Puede usar su conocimiento para ayudar a otros, o para controlar sus emociones y protegerse de las personas que no tienen su mejor interés en su corazón. También puede usar sus emociones para manipular a otros o engañarlos.

Capítulo 3 Conclusión

Ha aprendido que las emociones son una fuerza impulsora cuando se trata de comprender el lenguaje corporal. La mayoría de las personas no saben cómo controlar sus emociones, por lo que las emociones las controlan. Esto le da la ventaja cuando se trata de analizar su comportamiento. También aprendió a identificar cuándo alguien no es sincero sobre sus emociones.

Capítulo 4: Superar a un Manipulador Maestro

Ahora que comprende los significados del lenguaje corporal y las emociones, es importante concentrarse en un tipo de lector emocional que no esté en el negocio para ayudar a las personas: un manipulador. Al igual que aprender a analizar a las personas puede usarse por razones positivas, también lo puede hacer la manipulación. Por ejemplo, los psicólogos manipularán a sus clientes haciendo ciertas preguntas para ayudarlos a comprender su comportamiento. Sin embargo, también hay maestros manipuladores que aprenden el lenguaje corporal y cómo manipular para su beneficio personal. Puede referirse a estas personas como narcisistas, pero no necesitan que esta característica sea manipuladora.

Características de un Manipulador Maestro

Los manipuladores maestros usarán una variedad de características, dependiendo de la situación. Por ejemplo, si está en una relación romántica con un manipulador, se enfrentará a la iluminación de gas, que es cuando su pareja reacciona a propósito de ciertas maneras para hacerle pensar que se está volviendo loco. Podrían mover objetos por la casa y decirle que lo colocó allí, decirle que nunca dijeron algo cuando lo recuerda, o torcer sus palabras.

Una vez que un manipulador se sienta cómodo con usted y lo sienta en sus manos, enfrentará abuso verbal, emocional, psicológico y posiblemente físico. Sin embargo, la relación nunca comienza de esta manera. De hecho, cuando conoce por primera vez a un manipulador, es una de las personas más encantadoras que habrá conocido. Ninguno de sus amigos tiene nada negativo que decir sobre ellos.

Lo que hace un manipulador es hacerle creer que es digno de confianza y que tiene en mente sus mejores intereses. Descubren sus debilidades al principio de la relación, que usarán contra usted más adelante. Luego usarán estrategias para aprovecharse hasta el punto de controlar su vida. Por ejemplo, lo mantendrán alejado de su familia y le dirán lo que puede y no puede hacer. Debido a que gradualmente usaron sus tácticas, no entenderá lo que estaban haciendo, y ahora se sentirá atrapado en la relación.

Los maestros manipuladores entienden el lenguaje corporal mejor que la mayoría de las personas. Han dominado su lenguaje corporal y lo usan cuando hablan. Por ejemplo, si quieren parecer interesados en lo que estás hablando, se asegurarán de mantener el contacto visual, sonreír, asentir e inclinarse cuando hables. También incluirán su encanto al aumentar su autoconfianza y decirle lo que quiere escuchar.

Los manipuladores no entienden los límites. No les importa a quién lastiman cuando intentan obtener lo que quieren. Tampoco tienen en cuenta tus límites. Incluso si les dice que no le gusta cuando se acercan demasiado, continuarán haciéndolo. Podrían disculparse si dice algo o decirle que no pueden evitarlo porque eres encantador, hermoso o los atraes.

Los maestros manipuladores se aprovechan de las emociones. Puede sentirse emocionalmente agotado después de hablar con un manipulador. Son conocidos como vampiros emocionales, y literalmente te chupan la energía. También saben que tienen una mejor oportunidad de formar una relación con usted cuando llegan a sus emociones. Por lo tanto, pueden hacerle sentir como si fuera la única persona en la sala o hacer que parezca que quieren ayudarle de alguna manera. Es posible que le digan que es una persona maravillosa por todo lo que hace para ayudar a otras personas.

Son hábiles cuando se trata de comunicación. No parecen tropezar con sus palabras, y siempre tienen algo que decir. Su lenguaje es una herramienta que usan para engancharlo, al igual que lo hacen con las emociones y el lenguaje corporal. Los manipuladores a menudo dicen una cosa y luego hacen lo contrario. Sin embargo, si lo capta, le dejarán sin aliento o le harán pensar que no les entendiste.

Saben cómo hacerle sentir culpable, cambiar de tema, acusarte, usar el sarcasmo para menospreciarle y hacerle sentir que no los está cuidando como debería. Solo quieren una cosa de usted, y eso es hacerle sentir poderosos.

Los manipuladores nunca rompen su código. Siempre se adhieren a su historia, pase lo que pase, y siempre son la víctima. Incluso si no está de acuerdo con ellos, racionalizarán sus acciones, y usted comenzará a cuestionarse o incluso a creer que son una víctima en su historia. Incluso cuando lastiman a alguien, son la víctima, y sus razones para actuar de cierta manera están justificadas— al menos para ellos.

Luz Brillante Sobre un Manipulador

La mejor manera de ser más astuto que un manipulador maestro es atraparlos antes de profundizar demasiado en su juego. Uno de los primeros pasos a seguir es distanciarse de ellos. Los manipuladores se aprovechan de ciertas personas, como aquellas con baja autoestima, empatía y personas que naturalmente quieren ayudar a otras personas. Si su intuición comienza a decirle que algo no está bien en alguien, o que muestra signos de ser un manipulador maestro, explíqueles las razones por las que no puede pasar tiempo con ellos. Si están con usted, no les de la atención que anhelan. Los manipuladores siempre se irán cuando no obtengan lo que quieren.

Otro paso es seguir aprendiendo sobre el lenguaje corporal. Haga su mejor esfuerzo para crear una hoja de trucos que pueda ver después de haber hecho algunas notas sobre la forma en que alguien está actuando, o memorizar su idioma. Los manipuladores son maestros en el lenguaje corporal. Parece ser algo natural para ellos, pero han pasado su tiempo estudiando el lenguaje corporal y usted debe hacer lo mismo. Por ejemplo, al reconocer el lenguaje corporal sabrá cuándo un manipulador le está reflejando o exagerando sus señales. No todos mostrarán todos los indicios lingüísticos de ira, vergüenza o cualquier otra emoción, pero los manipuladores tienden a mostrar cada detalle porque lo leen en el libro de texto.

Todos los manipuladores tienen patrones que siguen. No se alejan de su plan porque se apegan a lo que les funciona. Si necesitan alejarse de su patrón, es más probable que se alejen y encuentren a alguien más. Al comprender sus características, puede encontrar su patrón. Por ejemplo, pueden darle su encanto perdonador cuando trate de llamarlos sobre su estrategia diciendo que no los está entendiendo, pero eso está bien y le perdonan.

No deje que absorban sus emociones. Si comienza a sentirse abrumado y cansado mientras habla con ellos, comience a prestar atención a sus otras características. Los manipuladores comienzan a aferrarse a sus emociones de inmediato, por lo que comenzarán a notar que se sienten cansados mientras están en su presencia.

Hágales preguntas que les iluminen. En otras palabras, darles una probada de su propia medicina. Puede preguntarles por qué se sienten de cierta manera, o por qué su comportamiento les parece razonable. Otras preguntas comunes incluyen: "¿Tengo algo que decir en esto?", "¿Me estás diciendo o preguntando?" Y "¿Qué saco de esto?" Los manipuladores tendrán dificultades para responder estas preguntas, se enojarán o comenzarán a retroceder porque no les gusta que los arrinconen.

Tiene límites que estableces con otras personas. Cuando se trata de manipuladores, debe atenerse a sus límites. Recuerde, no tienen límites y no prestarán atención a sus límites. Liberelos. No les gustará que no les dejes pasar por encima de la línea, pero al final le ahorrará mucho dolor emocional y psicológico y frustración.

Capítulo 4 Conclusión

Ahora tiene las habilidades y herramientas que necesita para ser más astuto que un manipulador maestro. No solo entiendes las características principales que tienen los manipuladores, sino que también sabe cómo iluminarlos para que no se conviertan en un detalle controlador en su vida. No siempre es fácil alejar a alguien, especialmente cuando están acariciando su autoestima y poniendo su encanto, pero te lo agradecerás más adelante. Recuerde siempre que un manipulador solo se preocupa por una persona, y son ellos mismos.

Capítulo 5: Herramientas Esenciales que le Darán Una Ventaja al Momento de Analizar a las Personas

Puede llegar a este punto y pensar que analizar el lenguaje corporal de alguien es más fácil de lo que pensaba, y tiene razón. Mucha gente no se sumerge en el análisis de las personas porque piensan que tienen que ser psicólogos o tener un título para hacerlo. Esto es un mito, porque cada persona posee las herramientas que les ayudan a analizar a otra persona.

Primero, necesita tener conocimiento. Debe comprender el análisis y las estrategias que se utilizan para meterse en la cabeza de una persona para que pueda comprender su comportamiento. Los psicólogos no tienen herramientas especiales que utilizan, como los cirujanos. Tienen su conocimiento y se dan cuenta de que se necesita tiempo y paciencia para observar el comportamiento humano.

Segundo, necesita tener ojos y usarlos para observar. Esto significa que debe ser consciente al darse cuenta de cómo está actuando una persona y lo que está diciendo. Por ejemplo, si cree que la persona que acabas de conocer es un manipulador, querrá enfocarse directamente en esa persona y observar todo lo que dice y cada movimiento que hace. Hágase preguntas para mantenerse involucrado, como si están de acuerdo con todo lo que dice y ¿están reflejando su lenguaje corporal?

En tercer lugar, debe comprender las muchas estrategias que se relacionan con el análisis de las personas. Todas estas estrategias se detallan en mis otros libros de Secretos de Expertos.

La psicología oscura es una de las estrategias. Se centra en la psicología, pero de una manera más manipuladora. Las personas que usan la psicología oscura tienden a aprovecharse de los demás, pero también puede ser útil cuando se trata de mantener a los manipuladores maestros fuera de su vida. La persuasión es una de las tácticas que las personas usan en su trabajo para impulsar su carrera. Por ejemplo, está dando una presentación sobre un producto que está tratando de vender, por lo que desea que su audiencia se mantenga comprometida y se sienta cómoda. Utilizará una variedad de técnicas de persuasión como apelar a sus necesidades, crear una necesidad social o tocar sus emociones. Si desea conocer los secretos detrás de la inteligencia emocional, consulte *Secretos de Expertos—Psicología Oscura* para obtener más información.

La inteligencia emocional es otra estrategia que debe aprender, porque se enfoca en tomar conciencia de sus emociones. Una vez que se de cuenta, puede controlarlos y aprender a manejarlos en cualquier situación. Esto le ayuda cuando se trata de emociones negativas que son difíciles de controlar cuando aparecen, como los celos y la ira. Una de las mejores tácticas para usar, que a veces se considera un punto de partida para la inteligencia emocional, es volverse consciente. Cuando está atento, es consciente de cómo se siente y de sus comportamientos. Conoce sus pensamientos y cómo le están afectando. Al controlar sus emociones, puede mantener una mente clara, lo que es necesario cuando se trata de analizar a las personas. Si desea conocer los secretos detrás de la inteligencia emocional, consulte *Secretos de Expertos—Inteligencia Emocional* para obtener más información.

La programación neurolingüística (PNL) es una estrategia que las personas siguen cuando usan el análisis para alcanzar un objetivo específico. Se relaciona con el lenguaje, los pensamientos y los patrones de comportamiento que ayudan a las personas, especialmente en la fuerza laboral, a alcanzar sus objetivos profesionales. Por supuesto, también puede usar PNL en otras partes de su vida. Si desea conocer los secretos detrás de PNL, consulte *Secretos de Expertos—PNL* para obtener más información.

Ya he discutido una de las técnicas más comunes que las personas usan en el análisis— la manipulación. A veces las personas se refieren a él como control mental, porque esto es básicamente lo que hace. Los manipuladores pueden usar ciertas estrategias, desde mentir hasta encender gases, para controlar su mente y poder controlarlo fácilmente. Si desea conocer los secretos detrás de la manipulación, consulte *Secretos Expertos—Manipulación* para obtener más información.

La lectura rápida es otra estrategia común cuando se trata de las herramientas que necesita para analizar a las personas. Cuando las personas piensan en la lectura rápida, generalmente piensan en leer un libro o artículo rápidamente, pero este tipo de lectura rápida consiste en mirar a las personas. Una vez que comprenda cómo analizar a alguien, deseará aprender cómo hacerlo rápidamente. Las señales no verbales de una persona suceden en un par de segundos o menos, lo que significa que tiene que estar preparado para no perderse nada. Para ayudarlo a iniciarse en la lectura rápida, debe centrarse en la cara, el torso y luego el cuerpo. Es fácil notar las piernas de una persona, cómo está parada, sentada y qué hace con sus brazos y manos. Sin embargo, es más difícil notar sus rasgos faciales porque son más sutiles y tienden a cambiar rápidamente. Por lo tanto, cuando estoy leyendo rápidamente mientras analizo a alguien, comienzo con su cara, paso al torso y luego a su cuerpo. Es similar a mirar las piezas de un rompecabezas antes de mirar la imagen más grande.

Capítulo 5 Conclusión

Hay muchas herramientas que puede usar para ayudarle a ser más efectivo a la hora de analizar a las personas. De hecho, debería consultar toda mi serie de *Secretos de Expertos*, ya que hay muchas herramientas que pueden ayudarlo a avanzar en su conocimiento. Cada una de las estrategias descritas anteriormente son herramientas externas fuera de este libro que pueden ayudarlo a mejorar el análisis de las personas sin que se den cuenta. No solo aprenderá estrategias que mejorarán su super habilidad, sino que también aprenderá cómo hacerlo rápidamente.

Capítulo 6: Análisis de Citas y Relaciones

Uno de los mayores desafíos sobre las relaciones, especialmente las románticas, es confiar en que va en la dirección correcta. Ha estado en la posición en la que cree que la persona que conociste es la indicada y está locamente enamorado de ella; le hicieron creer en el amor a primera vista. Sin embargo, pronto se dió cuenta de que su pareja no era quien creía que era, y le dejó con el corazón roto, preguntándose si estará solo para siempre.

Afortunadamente, una vez que comienza a aprender a analizar a las personas, puede concentrarse en analizar qué tan sinceras son las personas y qué tan fuerte sería una relación con una persona. Puede identificar fácilmente cuándo mienten, si le están manipulando y si es amor verdadero. Es importante recordar que todos amamos de manera diferente, por lo que debe comprender su versión del amor. Es necesario mezclar su versión con la suya para que la relación funcione.

Analice a las Personas Cuando Salga con Ellas

Uno de los primeros pasos que tomará durante las citas es analizar a la persona con la que podría enamorarse. Incluso si está con la persona ahora y lo ha estado por un tiempo, este es su primer paso, ya que necesita comprender los comportamientos de la persona antes de poder analizar cuán sinceros son y su significado del amor.

Los hombres y las mujeres tienen diferentes señales durante las citas porque piensan en las relaciones de manera diferente. En general, (no siempre), las mujeres tienden a controlar sus relaciones con sus emociones. Por ejemplo, suelen ser las primeras en enamorarse y soñar con casarse. Incluso podrían imaginar tener hijos, la casa de sus sueños y envejecer con su pareja. Los hombres generalmente se centran más en el presente y luego comienzan a imaginar una vida con su pareja. Por ejemplo, una mujer podría imaginar casarse con el hombre dentro de la primera semana, mientras que un hombre podría esperar unos meses. Recuerde, esto no es cierto para todos, ya que las personas son individuos y hay relaciones en las que los hombres piensan en el matrimonio antes que las mujeres.

No siempre es fácil dar el primer paso, especialmente cuando no sabe cómo se siente la otra persona acerca de usted. Para hacerlo más fácil, hay señales en las citas que se lo dirán. Sin embargo, hay diferencias entre las señales masculinas y femeninas.

Cuando una mujer está interesada en usted, mirará en su dirección. Lo más probable es que se incline mientras juega con su cabello. Se verá feliz mientras habla contigo, pero también puede sonrojarse, lo que la hace mirar brevemente hacia otro lado. Sus ojos generalmente estarán mirando en su dirección, y la encontrará asintiendo cuando esté hablando. Si toca su mano o brazo, ella le tocará en respuesta. También notará que se derrite cuando la tocas, lo que incluye que sus músculos se relajen o se pongan tensos si se ve emocionada. En general, cuando una mujer está interesada en usted, le dará un lenguaje corporal y emociones positivas. Ella querrá estar cerca de usted y retratar características que sean positivas. Si ella está tratando de manipularlo es para que pueda conocerlo mejor, así que le hará preguntas específicas. También querrá saber si le gusta, por lo que centrará las preguntas en sus emociones y pensamientos.

Cuando una mujer no está interesada en usted, sus acciones son más o menos lo contrario. Puede que todavía juegue con su cabello por costumbre, o porque está nerviosa o ansiosa. Sin embargo, ella no mirará en su dirección. En cambio, mirará a su alrededor como si estuviera tratando de encontrar una razón para disculparse a su lado. También se verá irritada o enojada, lo que hace que cruce los brazos, las piernas o retroceda.

Cuando un hombre está interesado en uested, sonreirá mucho y sus labios se separarán. Los hombres le darán mucho a través de sus rasgos faciales, por lo que es importante prestar mucha atención a sus expresiones faciales. Sus ojos a menudo la escanean, especialmente cuando hace algo que le gusta. Por ejemplo, si le sonríe y le da vueltas al cabello, él le sonreirá, separará sus labios por un segundo y luego la mirará a los ojos. A partir de ahí, sus ojos se moverán hacia el resto de su cuerpo. También notará que sus fosas nasales se dilatan cuando hace contacto visual con él. Cuando se trata de su lenguaje corporal, querrá flexionar sus músculos. Sus piernas estarán abiertas y se acercará a usted. También jugará con su cabello, pero no lo girará como una mujer. En cambio, pasará los dedos por su cabello. Le hará sentir como si fuera el único en la habitación y querrá pasar tiempo con usted. Todas las emociones y vibraciones que reciba de él serán positivas.

Cuando un hombre no está interesado en usted, se alejará fácilmente. Incluso si lo sigue, lo más probable es que sea cortés y le hable, pero sus ojos mirarán a otro lado. De hecho, apenas le mirará. A los hombres les resulta más fácil decirle que deben irse, por lo que rápidamente encontrará una razón para marcharse.

La clave para mantener una relación sana y veraz es ser honestos el uno con el otro. Pero, ¿cómo puede saber si su pareja es honesta con usted? Las personas que mienten se ponen a la defensiva. Les preocupa que se de cuenta de que están mintiendo, así que cuando menciona el tema, se irritan e incluso se enojan. Otra señal es que han mentido sobre otras situaciones, y luego, al disculparse, le dieron una excusa de por qué mintieron, lo que generalmente termina culpándolo. Recuerde, esto también es una forma de manipulación.

Otra forma de saber si la relación es veraz y si el amor está en el camino correcto es que ambos planeen para el futuro. Aunque los hombres generalmente tardan unos meses en poner en marcha su rueda para el futuro, una vez que comiencen, no se detendrán si todo es real. Compartir sueños, jugar juegos juntos, salir en citas, querer pasar tiempo juntos y comprometerse son otras señales de que su amor y su relación son reales.

Capítulo 6 Conclusión

Ha Aprendido los signos faciales básicos, el lenguaje corporal y las características de cómo actuará un hombre y una mujer cuando estén interesados en una relación romántica mutua. Este es el primer paso para saber cuándo una relación irá por un camino verdadero. Cuando nota signos de que alguien no está interesado, no es posible tener una relación veraz. También aprendió las señales que le ayudan a entender una relación veraz, y que el amor es fuerte, y sabe que cuando las personas mienten, reaccionan de manera negativa.

Capítulo 7: Cómo Analizar la Confianza y Aumentar la Suya

La confianza es cómo se siente consigo mismo y lo que está haciendo. Por ejemplo, cuando cree que tiene las habilidades adecuadas, tiene confianza para realizar una tarea. Desea mostrar confianza durante todo el día, ya sea que esté en casa o trabajando. También desea asegurarse de que ciertas personas tengan confianza en sí mismas. Por ejemplo, si está tratando de contratar a alguien, debe asegurarse de que tenga la confianza para cumplir con sus responsabilidades correctamente.

Analizar la confianza en otras personas es más fácil de lo que parece. También es importante recordar que la confianza no siempre es falsa, porque cuando las personas actúan confiadas, comienzan a creer en su confianza. Por ejemplo, si alguna vez has leído una entrevista de Jeff Bezos, Bill Gates u otros empresarios notables, uno de los consejos más importantes que dan a las personas es tener confianza, porque saben lo importante que es esta característica para el éxito de una persona.

Su cuerpo muestra confianza de varias maneras. Por ejemplo, cuando las personas tienen confianza, se paran o se sientan erguidas. Esto a menudo se ve como una postura asertiva, pero esta es una característica que necesita cuando tiene confianza. Debe ser asertivo en sus habilidades, porque esto lleva a la confianza. En otras palabras, las personas que tienen confianza no dejan caer su cuerpo o sus hombros. Recuerde las poses de poder, ya que son comunes en las personas seguras.

Las personas seguras también lo mirarán directamente a usted o a su audiencia cuando hablen. Por ejemplo, si está dando una presentación, sabe lo que hay en sus diapositivas de PowerPoint, por lo que las escanea y luego habla directamente con su audiencia. No está hablando con una hoja de papel que tiene sus notas, y no está mirando hacia abajo o fuera del alcance de su audiencia. Además, cuando alguien le hace una pregunta, la miras directamente cuando comience a responder, y luego puedes mirar al resto de la audiencia. Cuando haya terminado de responder sus preguntas, las mira directamente de nuevo.

Las personas seguras prestan atención al lenguaje de sus manos y dedos, especialmente si están cerca de otra persona. No querrá acercarse demasiado a la otra persona, o peor aún, golpearla accidentalmente con el dedo cuando hable. También debe usar el gesto de la mano abierta y las palmas hacia arriba a menudo cuando esté seguro, ya que estos gestos con las manos tienen un efecto positivo en otras personas.

Las personas siempre lo mirarán a la cara, por lo que debe saber qué dice su rostro. No quiere parecer confundido cuando habla, pero tampoco quiere parecer triste o enojado. Debe tener una expresión positiva en su rostro que sea acogedora. Si la gente le ve fruncir el ceño después de hacerle una pregunta, creerán que le ofendieron y se volverán cautelosos.

La manipulación positiva es necesaria cuando se trata de la confianza, porque necesita hacer que las personas crean en su confianza. Una de las mejores tácticas de manipulación para usar es reflejar el lenguaje corporal de otra persona. Por ejemplo, si alguien le hace una pregunta y usa sus manos cuando habla, asegúrese de usar gestos similares con las manos al responder a su pregunta.

Uno de los mayores errores que cometen las personas cuando intentan retratar la confianza es inquietarse. No querrá inquietarse las manos o los pies, porque esto hará que parezca que se está cuestionando a sí mismo y lo que está diciendo. Por ejemplo, si está moviendo monedas en el bolsillo o tocando los dedos, la gente creerá que está nervioso. Incluso si está nervioso, lo cual es natural cuando está parado frente a una gran multitud, no sostenga un pedazo de papel para que puedan ver sus manos temblar y hable con autoridad para que su voz no sea temblorosa. Este tipo de acciones pueden quitarle su mensaje y conducir a un mal desempeño en la mente de su audiencia.

Capítulo 7 Conclusión

En este capítulo, aprendió a analizar la confianza. Al mismo tiempo, aprendió a detectar la falta de confianza, como alguien que se toca los dedos y tiembla mientras sostiene un pedazo de papel. No quiere verse nervioso, ya que esto afectará su confianza en la mente de otras personas. Siempre desee tener una pose y una voz asertiva, y mantener contacto visual en todo momento. Seguir las estrategias para mostrar confianza a otras personas le ayudará a aumentar su confianza porque cuando cree en sí mismo, su confianza crece. Incluso si siente que ahora tiene poca confianza en usted, comience a actuar como si tuviera confianza en su carrera y en todo lo que hace. Empezará a mostrar su confianza, y se sentirá seguro.

Capítulo 8: Cómo Analizar la Inteligencia

Analizar la inteligencia es similar a analizar la confianza porque tienden a ir de la mano. En realidad, no puede tener uno sin el otro, aunque muchas personas piensan que puede. Pero, piénselo a nivel psicológico. Si carece de confianza en sí mismo, es menos probable que crea que es inteligente. Si tiene un alto nivel de confianza en sí mismo, es más probable que crea en su inteligencia.

Pero, ¿cómo analiza la inteligencia? En muchos sentidos, puede hacer esto utilizando algunas de las mismas estrategias que la confianza. Por ejemplo, cuando alguien le está hablando sobre un tema y le está mirando, está demostrando su inteligencia en el tema. Si miran alrededor de la sala y tropiezan con las palabras, están asumiendo que realmente no saben de lo que están hablando, y esto significa que no están bien informados sobre el tema.

Al mirar la inteligencia, desea observar cómo las personas toman decisiones. Si se apresuran a encontrar una solución o trabajan con otras personas para encontrar una respuesta, están demostrando inteligencia. Las personas que luchan por tomar decisiones muestran que necesitan más ayuda. No significa que no sean inteligentes; simplemente significa que aún no han encontrado su confianza y nivel de inteligencia.

Otra forma de detectar una falta de inteligencia y analizarla es por cómo alguien trabaja en equipo y por sí mismo. Las personas que tienen confianza e inteligencia se sienten cómodas trabajando con un grupo de personas y por sí mismas. Si alguien tiene dificultades, es más probable que trabajen con un grupo de personas. Al mismo tiempo, también desea notar su participación. No debe usar directamente la frecuencia con la que alguien participa en un equipo para medir la inteligencia, porque las personas que son tímidas tienden a luchar más con la participación. Pero, notar el nivel de participación puede ayudarlo a comprender mejor a una persona.

La determinación también es una clave al analizar la inteligencia. Si tiene la determinación de tener éxito y está dispuesto a hacer lo que sea necesario para volver realidad sus sueños, muestre un mayor nivel de inteligencia. Si tiende a posponer las cosas y no trabaja para alcanzar sus sueños, entonces está luchando con su confianza e inteligencia.

Capítulo 8 Conclusión

Aunque este capítulo es un poco breve, aprendió mucho entre la correlación con la confianza e inteligencia. Siguiendo las técnicas anteriores, no solo puede detectar a las personas que carecen de inteligencia, sino que también puede analizarlas. Es importante mencionar que las mismas estrategias que discutí en el Capítulo 7 también pertenecen a este capítulo, porque la confianza y la inteligencia van juntas.

Conclusión

Ha recibido mucha información en este libro para ayudarlo a avanzar en sus habilidades para analizar personas. No importa si ha aprendido sobre el lenguaje corporal antes o no; Puede tomar estas estrategias e incluirlas en su análisis.

Una de las conclusiones clave de este libro que quiero que recuerde es que hay muchos beneficios a la hora de analizar a las personas. Existe un mito en el mundo que dice que el análisis es una forma de manipulación utilizada exclusivamente para atrapar a otra persona. Si bien algunas personas lo usan para este propósito, también puede ayudarlo a empujar su carrera a través de herramientas esenciales, fomentando la confianza y la inteligencia. Otro beneficio es que el análisis puede ayudarlo a saber quién está en su vida para ayudarlo y quién tiene más probabilidades de lastimarlo.

Puede usar el análisis para saber que su relación íntima es verdadera y que ambos están en el mismo camino. Aprendió cuando alguien está interesado en usted, y aunque cada relación tiene sus desafíos, sabe que cuando alguien realmente se preocupa por usted, tiene sus mejores intereses en el corazón. Quieren pasar su vida usted y sueñan con casarse y envejecer juntos.

Otra conclusión clave es que hay muchas herramientas que puede usar que solo se mencionan brevemente en este libro, como la psicología oscura, la manipulación y la PNL. Es importante obtener mi otra serie de libros de *Secretos de Expetos*, ya que todos le ayudarán a avanzar en su conocimiento sobre el análisis de las personas, además de brindarle otros beneficios en su vida.

Finalmente, otra conclusión clave es que debe exhibir confianza, porque esto le ayudará no solo a aumentar su confianza, sino también a su inteligencia. La gente no suele pensar que la confianza y la inteligencia van juntas, pero las estrategias que utiliza para aumentar y analizar una también funcionan con la otra. Tómese un momento para pensar en una persona que haya visto que tenga confianza en su carrera. Puede ser un maestro o alguien a quien haya visto hacer una presentación. Piense en la confianza que tenía y cómo esto le hizo creer que sabía exactamente de lo que estaba hablando y que tenía conocimientos en su campo, lo que significa que era una persona inteligente. De hecho, si hay una cosa que quiero que tome de este libro, es que su confianza e inteligencia se disparen, para que pueda tomar el resto de esta información y avanzar en su carrera.

Si disfrutó este libro de alguna manera, ¡una opinión honesta siempre es apreciada!

www.ingramcontent.com/pod-product-compliance
Ingram Content Group UK Ltd.
Pitfield, Milton Keynes, MK11 3LW, UK
UKHW020424220125
453966UK00012B/547